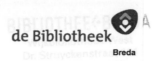
Het kompas van het hart

Lydia Rood

met tekeningen van Mariëlla van de Beek

De weg naar Schier

Inhoud

De hoofdpersonen

Over Kaai

Kaai komt van Schier, maar nu woont hij aan de wal. Kaai mist pake en Schier heel erg. Samen met Sara gaat hij de zee op. Met een vlot vaart hij naar Schier. Maar dan vaart een boot tegen hun vlot. Op de boot ziet Kaai de moeder van Sara. En dan raakt hij Sara kwijt ...

Over Sara

Sara is snel boos. Haar mam ook. Dan geeft ze Sara wel eens een klap. Nu ook weer. Daarom loopt Sara weg. Ze zoekt een huis ver van huis. Kaai vertelt haar over Schier. Daar wil Sara heen! Samen met Kaai gaat ze op weg. Maar dan vaart een boot tegen hun vlot. En op die boot zit Sara's mam!

1. Welkom aan boord

De lange nacht is voorbij.
De wereld is grijs.
Op zijn vlot zit Kaai.
Met Sara, zijn vriendin.
De golven zijn hoog.
Er steekt een harde wind op.
Sara bibbert erg.
En Kaai zit ook te rillen als een rietje.
Ze zijn nu geen stoere kapers meer.
Ze zijn maar twee kinderen op een vlot.
En dat vlot is opeens erg klein.

Sara zit zachtjes te huilen.
Kaai merkt het heus wel.
Maar hij kan haar nu niet troosten.
Hij tuurt over de golven heen.
Hij zoekt zijn eiland, Schier.
Daar wacht pake op hem.
Tenminste, dat hoopt Kaai.

Doef-doef-doef-doef-doef ...
Wat is dat voor een geluid?
Komt daar soms een schip aan?
Ja, het is de veerboot, hoog en wit.
Hij komt recht op hen af.
'Kijk uit!' gilt Kaai.
'Vaar niet over ons heen!'
Het vlot wiebelt wild.
Van schrik huilt Sara niet meer.
Maar nu heeft ze ineens de hik.

Kijk uit, wil Kaai nog eens roepen.
Maar hij slikt water in.
De zee is erg koud.
Het water trekt Kaai aan zijn kleren omlaag.
Hij gaat kopje onder!
Maar hij ziet het licht boven zijn hoofd.
Hij trapt zich naar boven.
Dan heeft hij weer lucht.
Maar hun vlot is weg.

De boot toetert.
De motor loeit.

Wat een geluk: Kaai kent dat geluid.
Het grote schip remt af.
Een schreeuw; Kaai en Sara kijken omhoog.
Er hangt een man over het hek.
Hij wuift als een gek.
Kaai steekt ook zijn arm op.
Er zwaait een rode band over de rand.
En nog één.
'Pak gauw vast, Sara!' roept Kaai.
'Ze gaan ons redden!'
Nu hebben ze elk een touw beet.
'Kom, klim in die band,' zegt Kaai.
'Dan hijsen ze ons aan boord.'

Zo gebeurt het ook.
Het is heel eng.
Kaai houdt zijn ogen dicht.
Sara kreunt een beetje.
Wat is die veerboot hoog!
Wat zwaait dat touw!
Dan voelt Kaai handen om zijn middel.
Ze vallen op het dek met een bons.
Kaai blijft maar nét overeind.

9

Sara houdt haar ogen nog dicht.
Maar de hik is over, van de schrik zeker.

De veerboot vaart alweer door.
Ze moeten mee naar de stuurhut.
'Welkom aan boord,' zegt een man.
'Nou moe, als dat Kaai niet is!
De kleinzoon van Japik!'
Kaai knikt.
Hij kent die man wel.
Het is de baas van het schip.
Kappie wordt hij genoemd.
'En hoe heet je vriendin?'
Sara doet haar ogen open.
'Noor,' zegt ze.
'Ik heet Noor, aangenaam.'

Kaai snapt het.
Sara is op de vlucht.
Haar echte naam is voor thuis.
Op Schier wordt ze Noor.
Zo vindt haar moeder haar niet.
Het is slim bedacht.

Alleen lastig voor Kaai.
Want voor hem blijft ze Sara.

'Dit heet de brug,' zegt Kappie.
'Hier sta ik aan het roer.
Hier praat ik door de radio met de wal.
En hier speur ik de zee af.
Een enkel keertje zie ik opeens een vlot.
Maar dat gebeurt niet zo vaak.'

'We waren kapers,' zegt Kaai.
'Daar was ik al bang voor,' zegt Kappie.
Sara vertelt over de voorbije nacht.
Kappie vindt hen erg dom.
Hij moppert heel wat af.
Maar Kaai laat hem maar brommen.
Voor Kappie is hij niet bang.
Kappie is gewoon een vriend van pake.

Op de brug van het schip is het heel leuk.
Je kunt ver kijken over de zee.
Kaai mag even aan het roer.
De schipper legt Sara de radar uit.

12

'En kijk,' zegt hij dan tegen hen allebei.
'Dit ronde ding is nou het kompas.
Zie je die naald in het midden?
Hij draait bij elke slag van het stuur.
Die naald wijst altijd het noorden aan.
Zo wijst het kompas je de weg.'
'Weet ik,' zegt Kaai.
'Weet ik allang.'

Kaai heeft zelf ook zo'n naald, in zijn buik.
Die wijst ook naar het noorden.
Want in het noorden ligt Schier.
En Schier is voor Kaai nog steeds thuis.

'Genoeg voor vandaag,' zegt Kappie.
'Nu leggen we aan.'
Hij wenst hun een goede tocht.

2. Dubbel kwijt

Kaai en Sara gaan gauw de trap af.
Een rij mensen staat te wachten bij de uitgang.
Kaai kijkt naar buiten.
Ja, daar is Schier, zijn eiland!
De pier, het dorp, de duinen in de verte ...
Alles is er nog.
Alleen zijn huis in het dorp is zijn huis
niet meer.
Daar wonen nu Duitsers in.
Kaai wil er niet heen.

'Sara,' zegt hij.
'Zullen we meteen naar pake gaan?
Hij woont aan de andere kant.'
Sara zegt niks terug.
Kaai draait zich om en zegt: 'Sara?'
Hé, waar is ze nou naartoe?
Moest ze soms naar de wc of zo?
Kaai wacht een poos.
Maar zó lang duurt plassen toch niet?

De boot is al leeg.
'Sááráá!' roept Kaai.

'Kom knul,' zegt een man van de boot.
'Ga jij eens gauw van boord.
Je wilt toch niet mee terug?
Hup, aan land met jou!'
Nu moet Kaai wel van de boot af.
Misschien is Sara al op de pier.

Een bus staat te ronken.
Een kar rolt voorbij.
Auto's rijden links en rechts langs, en nog een
bus.
Overal mensen en fietsen en koffers.
Maar Sara?
Die is nergens te zien.

'Jochie,' zegt een vrouw naast hem.
'Heb jij mijn dochter soms gezien?
Ze is net zo groot als jij.
Ze heeft zwart haar, net als ik.
Ze is heel lief en mooi, en nog slim ook.

Ik ben haar al een tijdje kwijt.
Erg, hè?'
Kaai schrikt van die woorden.
Zou dit Sara's moeder zijn?
Waarom zat zij dan op de boot?

De vrouw met het zwarte haar praat door.
'Ik heb maar één kind, Sara.
Ik houd heel veel van haar.
Maar dat weet ze misschien niet.
Ze is voor mij op de vlucht.
Hoe vind je dat nou?
Op de vlucht voor haar eigen mam!'

Raar, denkt Kaai.
Sara's vlucht was geheim.
Haar moeder wist er niets van.
Hoe kwam die dan op deze boot?
'Ik mis haar zo,' zegt de vrouw.

Kaai kijkt naar de grond.
Wat moet hij nu doen?
Sara en hij zijn vrienden.

17

Hij verraadt haar heus niet!
En toch ... wat moet hij doen?
'Zeg eens, joh,' zegt de vrouw.
'Ben jij soms dat tweede kind?
Er zaten er twee op een vlot.
Dat zei de agent in ons dorp.
Een stel binken heeft het verteld.
De jongen is op weg naar zijn opa.
Die opa heet Japik.
En de jongen heet Kaai.
Ben jij dat soms?'

'Nee, echt niet!' roept Kaai.
'Dat is een andere Kaai!'
Hij bijt van schrik op zijn tong.
Dat was erg dom.
Nu verraadt hij zich toch.

Er klinkt een schor geluid op de weg.
Een motor hoest.
Dat komt Kaai bekend voor!
Het moet het brik van pake Japik zijn!
Kaai rent er gauw naartoe.

18

Pakes auto staat stil.
Het hoesten van de motor houdt op.
'Pake!'
'Kaai!'
Ze knijpen elkaar bijna fijn.
Even is alles heerlijk.

Dan komt de vrouw naar hen toe.
'Meneer Japik,' zegt ze.
'Hoe gaat het met u?'
Ze geeft pake een hand.
'Mijn Sara is kwijt.
Ze zat met uw Kaai op een vlot.
Dit is toch Kaai?'

Nu kijken ze alle twee naar hem.
Kaais wangen worden heel warm.
'Ja,' zegt hij zacht.
'Maar op het vlot zat ik met Noor.'
Pake kijkt hem met een felle blik aan.
'Je mag niet liegen, Kaai,' zegt hij.
'Zo ken ik je niet, hoor.'

Nu gloeit zijn hele hoofd.
Zo moet pake niet praten!
Want dan schaamt Kaai zich heel erg.
Maar hij zegt toch mooi niks.
Hij bijt hard op zijn lip.
Sara rekent op hem.

'Kaai?' vraagt pake streng.
'Hoe zit het nu met Sara?'
Kaai fluistert: 'Ja, het is waar.
Zij zat met mij op de boot.
Maar nu ben ik haar kwijt.'
'Oei, nee toch,' zegt pake.
'Dan is ze dus dubbel kwijt.'

De nacht is voorbij.
Kaai en Sara zitten op het
vlot. Ze zijn op weg naar Schier.
Dan komt er ineens een boot aan.
De boot vaart tegen het vlot.
Kappie redt Kaai en Sara uit
de zee.

Kaai raakt Sara
kwijt op de boot. Ze
verstopt zich voor haar mam.
Sara's mam praat met Kaai.
Ze zegt dat ze Sara heel erg
mist. En ze vraagt of Kaai
weet waar Sara is.

3. Een verrader

Kappie komt bij hen staan.
En dan nog een vriend van pake.
Ze praten over het weer.
Ze praten over het wad.
Ze praten over het veer.
En dan begint Kappie over Noor.
'Nee, ze heet Sara,' zegt haar moeder.
'En ze hoort bij mij.'
'O, dat meisje!' lacht de vreemde man.
'Ik weet waar ze is!'

Die man wil Sara verraden!
Kaai denkt niet na.
Hij stampt hem op zijn teen.
De man vloekt.

'Wat heb jij?' vraagt pake boos.
'Gedraag jij je eens!'
Hij grijpt Kaai bij één oor.
Hij draait het oor om.
Dat doet veel pijn.

Maar dat geeft niet.
Hij heeft Sara gered.

Maar Kaai heeft het mis.
Want Sara's moeder vraagt: 'Waar is ze dan?'
'Op mijn kar!' zegt de vreemde man.
'Kom maar mee.'
Hij loopt weg.

Ze wachten even op een bus.
Dan steken ze over.
Pake trekt een beetje met zijn been.
Wat heeft hij toch?
Ze kijken in de kar.
Maar Sara is er niet meer.
Haar moeder barst in snikken uit.
'Waar is mijn kind nou?' huilt ze.

Kaai voelt zich niet fijn.
Het komt door die verrader.
Nu is Sara wéér gevlucht.
En dit keer weet Kaai niet waarheen.
Hij kan haar niet meer helpen.

Hij wil Sara vertellen over haar moeder.
Die mist haar heel erg!
En Sara weet dat niet eens.
Zij is nu alleen op de vlucht.
En ze weet hier niet eens de weg.
Sara heeft vast geen naald in haar buik …

'Stap maar in,' zegt pake tegen hen.
'We gaan naar het dorp.
Daar duikt ze vroeg of laat wel op.
Als ze honger krijgt, of dorst.'
Hij knipoogt.
Maar Kaai lacht er niet om.
Pake is lang niet zo lief als vroeger.
En Kaai wil niet naar het dorp.
Want daar is zijn oude huis.
En dat wil hij niet zien.

Kaai stapt ook in.
Hij houdt zijn hoofd laag.
Hij knijpt zijn ogen ook nog dicht.
Maar dat helpt geen steek.
Pake rijdt de dijk af naar het dorp.

Hij stopt in hun oude straat.
Dat merkt Kaai tóch.
Hij is hier nu eenmaal thuis.

'Kijk,' zegt pake.
'Dat is het huis van mijn zoon.
Hij heeft het nu verhuurd.
Ze zijn naar de wal gegaan.
Dat is beter voor Kaai en Sjoerd.'
Kaai kijkt op.
Wat zegt pake nu voor geks?
Kaai is het er niet mee eens!
Schier was goed genoeg voor hem!

Sara's moeder knikt ernstig.
'Ik snap het,' zegt ze.
'Blijven kan niet altijd.
Dat weet ik maar al te goed.
Wij zijn zelf ook verhuisd.'
Ze kijkt er triest bij.

Kaai humt heel hard.
Nu is het wel genoeg.

Hij is er ook nog!
Pake let niet op hem.
'Maar voor mij is het niet fijn,' zucht pake.
Zie je nou wel! denkt Kaai.
Ze hadden nooit weg moeten gaan.

Kaai loert nu toch uit het raam.
Ja hoor, daar staat hun oude huis.
Voor het raam van zijn kamer hangt een stom
gordijn.
De kleur van de deur is helemaal fout.
En wat moet dat klimrek daar?
Er staat een vreemd kind op de hoogste tree.
Kaai kijkt de andere kant op.
Dit wil hij echt niet zien!

4. Pake doet raar

Pake rijdt verder het dorp in.
Hij stopt bij de snackbar.
Ook die kent Kaai goed.
Die zaak was van zijn vader.
Kaai kwam vaak met vriendjes langs.
Dan kregen ze friet en een blikje fris.
Wat was het toen fijn!

Kaai draait het raam open.
Hij kijkt de straat in, links en rechts.
De bussen stoppen hier.
Misschien is Sara hier ook beland.
En anders ziet hij misschien een vriend.
In zijn ooghoek beweegt iets.
Dat lijkt Sara wel ... of niet?
Met een ruk van zijn hoofd kijkt hij opzij.

'Hé, Kaai!
Goed dat je er bent, joh!
Blijf je nou een tijdje op Schier?'
Het is Dirk, zijn beste vriend.

Zijn heit is agent.
Kaai grijnst van oor tot oor.
Hij stapt gauw uit de auto.
Het is zó fijn om Dirk weer te zien!

Dirk kletst over Schier.
Kaai vertelt hem van Sara.
En hij schept op over hun vlot.
Dan komt pake naar hen toe.
Ja hoor, hij loopt gek.
Misschien heeft hij iets aan zijn voet.
'We moeten weer door, Dirk.
Er is een meisje kwijt.
Zeg dat maar vast tegen je heit.'

Pake trekt Kaai mee naar de auto.
'Laten we maar gaan.
Ik heb me vergist.
Sara komt niet op de friet af.
We gaan naar het strand.
Daar komt elke gast vroeg of laat.
Kom op, stap nu in.
Dirk zie je later nog wel.'

29

'Echt waar?' vraagt Kaai.
Pake knikt.
'Heus,' zegt hij blij.
'Ik zet je echt niet meteen weer op de boot.
Zó snel kom je niet van me af, hoor!'

Dirk zwaait en fietst door.
Vol spijt kijkt Kaai hem na.
Wat een geluk heeft die Dirk, zeg!
Hij blijft gewoon op Schier.
'Ik ga ook niet meer weg,' zegt Kaai.
'Pake, hoor je me?
Ik blijf nu voor altijd op Schier.'
Pake hoort hem niet.
Hij luistert niet eens.
Voorin praten ze maar door.
Het lijkt wel of Kaai er niet bij is.
Kaai snapt er niets van.
Pake is toch wel blij hem te zien?
Hij doet zo raar ...

Ze gaan de weg naar het strand op.
Aan het eind stopt pake de auto.

'Wacht nu maar af,' zegt hij.
'Ze komt vast wel hierlangs.'
Kaai hoopt het.
Er lopen mensen voorbij.
Die gaan een dag naar het strand.
Een stel met een hond aan de lijn.
Een man met een tas vol spullen.
En een vrouw met een sliert kinderen aan
de hand.
'Wat zijn ze blij,' zegt Sara's moeder triest.
'Kon ik ook maar zo blij zijn ...'
Ze snikt zacht.
'Waarom wil Sara mij niet zien?'

'Ja, waarom?' vraagt pake dan.
Het antwoord is haast niet te verstaan.
'Ik sloeg haar,' zegt Sara's moeder.
'Daarom liep ze weg.
Het spijt me nu zo.
Zou het te laat zijn?
Komt Sara nooit meer bij me terug?'
'Ach, een klap af en toe kan geen kwaad,'
zegt pake.

O nee? denkt Kaai boos.
Hij voelt aan zijn oor.
Dat doet nog steeds zeer van die draai.
Mag dat zomaar dan?
Mag een groot mens een kind pijn doen?
'Slaan is gemeen,' zegt hij luid.
'Pijn doen mag niet.'
Hij schrikt er zelf een beetje van.

Pake draait zich om, en de vrouw ook.
Zij staart Kaai aan.
'Wat zei jij, snotneus?' vraagt pake.
'Wil jij soms ook een klap?'
Nee, pake is echt niet lief meer!
Hij is streng en hij scheldt en hij knijpt.
Niet als de pake van vroeger.
Niet als de pake die Kaai heeft gemist.

Boos stapt Kaai uit.
Bij deze pake wil hij niet zijn.
Deze pake vindt slaan best.
Deze pake is net zo erg als Sara's moeder!

Een man zegt dat hij
weet waar Sara is. Maar Sara
is er alweer vandoor. Sara's mam en
Kaai gaan met pake mee.
Ze rijden naar het dorp.
Daar duikt Sara vast wel op.

Kaai ziet zijn
beste vriend Dirk. Maar
Sara is niet in het dorp.
Ze rijden naar het strand.
Maar pake doet zo raar!
Hij is helemaal niet lief.
Hij grijpt Kaai hard bij
zijn oor.

5. Heel even thuis

Nu kan Kaai nergens meer heen.
Hij moet ook op de vlucht.
Hij loopt het strand op, alleen.
De toeter van pake hoort hij wel.
Maar hij loopt stug door.
Hij gaat wel alleen op zoek naar Sara.
Dan graaft hij een hol in een duin.
En Sara bouwt een hut.
Niemand die hen dan nog vindt.
Dan krijgen ze wel spijt, die ouwe lui!

Kaai zit met zijn rug tegen een paal.
Het strand is heel breed nu met eb.
Het wordt vol en druk.
Maar Sara ziet hij niet.
Kaai loopt niet door langs het strand.
Hij wacht of hij de auto hoort.
Rijdt pake weg?
Of komt hij naar Kaai toe?
Hij stelt zich voor wat pake zou zeggen.

Het spijt me erg, Kaai.
Ik had je geen pijn moeten doen.
Loop alsjeblieft niet weg.
Kom met me mee naar huis.
Dan krijg je melk met anijs.
En koek zoveel als je lust.
En kokkels met een speld.

Maar pake komt niet.
Na een hele poos kijkt Kaai om.
Hij ziet de auto niet meer!
Is pake zonder hem weggegaan?
Dat kan toch niet waar zijn!
Kaai slaat zijn arm om zijn knieën.
Hij huilt niet, o nee.
Het komt gewoon door de wind.

Dan denkt Kaai aan thuis.
Aan pap en mam op de wal.
Hij denkt zelfs aan Sjoerd.
Wat wil hij graag naar ze toe!
Snel een knuffel van mam.
Een aai door zijn haar van pap.

36

Een duw van zijn broer.
Kon hij maar heel even thuis zijn!

'Huil jij?'
Er staat een klein kind voor hem.
Ze is bloot en vuil.
Ze heeft een pet op haar hoofd en een schep in
haar hand.
Kaai haalt gauw zijn neus op.
'Nee hoor!' zegt hij.
'Nee hè, jij bent al groot,' zegt het kind.
Kaai knikt.
Ja, hij is al groot.
Groot genoeg voor een vlot.
Groot genoeg om de zee op te gaan.
Groot genoeg voor de weg naar Schier ...

'Maak je met mij een kasteel?' vraagt het kind.
Ze zwaait met de schep.
Kaai springt overeind.
'Ik kan niet,' roept hij.
'Ik zoek mijn vriendin.
En mijn pake wacht op mij!'

Zo lijkt het bijna waar.
'Nou ...!' zeurt het kind.
'Doe niet zo flauw!
Je moet met me mee!'
Ze stampt met haar vuile voet.
Ze hangt aan Kaais arm.
Ze duwt haar schep in zijn hand.
'Hou op!' roept Kaai.
Hij geeft het kind een duw.

'Ik heb geen tijd voor jou!'
Kaai rent weer het duin op.
Sara zit vast niet op het strand.
Die houdt zich eerder schuil.
Hij rent over het pad.
Maar roepen doet hij niet.
Want heet ze op Schier nou Sara of Noor?

'Kaai, wacht nou eens op mij!'
Kaai kijkt om.
Over het pad komt pake aan.
Kaai keert gauw om.
Heeft pake dan toch gewacht?

6. Een oor en een heup

'Ik moest eerst de auto kwijt,' hijgt pake.
'Er was bijna geen plek meer.
En toen ging jij ervandoor!
Zo hard kan ik niet meer, hoor.
Ik heb last van mijn heup.
Die doet dag en nacht pijn.'
Kaai fronst.
Loopt pake daarom zo raar?

'Geen Sara, hè,' zegt pake.
'Heb je goed gezocht op het strand?'
Kaai knikt.
'Ze zit vast in de duinen.
We vinden haar wel.'
Pake schudt zijn hoofd.
'Ik ga niet mee.
Ik kan zo ver niet meer.
Kom toch mee naar huis, joh.
Ze duikt heus wel weer op.
Dirks pa weet ervan.'
Kaai bijt op zijn lip.

Dat klinkt wel goed.
Maar het is toch niet in orde.
Zijn maag knort, dus die van Sara ook.
En hij is zo moe als een hond.
Dus Sara zal ook moe zijn.
Dat snapt pake toch wel?
Het is niet fijn om kwijt te zijn.
Zelf was hij maar heel even weg.
En toch zat hij erg in de put.

Kaai schudt zijn hoofd.
'Je moet mee op zoek,' zegt hij.
'Sara heeft het niet fijn.'
'Niks ervan,' zegt pake.
'Ben jij soms doof?
Ik ga naar huis en jij gaat mee.'
Hij kijkt er boos bij.
Kaai wordt er bang van.
Dit is toch zijn pake niet?
Straks draait hij weer aan zijn oor!

'Je bent helemaal niet lief,' zegt Kaai boos.
'Heel anders dan eerst.

Je wordt steeds maar kwaad.
En je doet me pijn ook.
Je lijkt de moeder van Sara wel!'

Pake schrikt, zo te zien.
Hij gaat in het gras zitten.
'O jee, is het zo erg?
Ik meen het niet zo.
Maar ik heb steeds zo'n pijn.
En dus vergeet ik lief te zijn.
Het spijt me hoor, Kaai!'

Kaai gaat naast pake zitten.
Hij leunt tegen hem aan.
'O, is het dat?' zegt hij.
'Maakt de pijn je zo boos?'
Hij voelt aan zijn oor.
'Mijn oor doet geen zeer meer, hoor.
Maar hoe moet dat nou met jouw heup?'

Pake knikt een paar keer.
'Dat was voor mij ook een vraag,' zegt hij.
'Tot ik jouw brief kreeg.

43

Nu weet ik wat ik ga doen.
Dank je wel, Kaai.
Door jou komt het goed met mij.'

Kaai is verbaasd.
Met pake gaat het toch altijd goed?
Hij doet zo gek.
Het is niet alleen die heup.
Het is ook zijn hoofd.

'Straks heb ik een nieuwe heup,' gaat pake
door.
'Daar loop ik niet één, twee, drie mee weg.
Eerst moet ik op bed.
En dan stapje voor stapje, met een kruk.
Tot ik weer los kan lopen.'
Kaai lacht.
Zo'n oude man die leert lopen!
Dat is een gek idee.
Pake is toch geen klein kind!

Hij schrikt.
Voor een klein kind wordt gezorgd.

Maar wie zorgt er straks voor pake?
Hij woont in zijn eentje ver van het dorp!

'Ik blijf wel op Schier,' zegt Kaai.
'Dan help ik jou.
Maak je maar geen zorgen.
Alles komt goed.'
Wat zal Dirk blij zijn! denkt hij.
Aan het kind op het klimrek denkt hij maar
niet.

'Pake?' vraagt hij.
'Heeft Sara's moeder soms ook pijn?
Ze houdt heel veel van haar kind.
En toch slaat ze Sara soms.
Dat klopt toch niet?'

Pake slaat een arm om Kaai heen.
'Zo'n wijsneus,' zegt hij.
'Jij hebt veel door, hè?
Ja, Sara's moeder heeft ook pijn.
Niet in haar heup, maar in haar hart.
Ze mist haar land.

45

Daar woont haar zus nog steeds.
Die ziet ze niet zo vaak.
En ze heeft geen man meer.
Dat maakt haar triest.
Sara's moeder wil niet huilen.
Daarom slaat ze soms.'

Grote mensen zijn gek, denkt Kaai.
Wie slaat er nou als hij triest is?
Dan denkt hij aan het meisje met de schep.
Aan de duw die hij gaf.
Oei, denkt hij.
Ik ben net zo dom als een groot mens!

Kaai is boos op pake. Hij
gaat naar het strand. Dan voelt hij
zich heel alleen. Hij ziet een kind.
Ze vraagt of hij huilt.

Dan komt pake
het duin op. Pake vertelt
over de pijn aan zijn heup.
Daardoor is hij soms niet lief.
Sara's mam heeft ook pijn. Pijn
in haar hart. Daarom slaat
ze soms.

7. Alles is er nog

Ze gaan terug naar de weg.
Pake koopt friet en ijs voor drie.
Sara's moeder lacht weer.
Kaai eet als een wolf.
Hij denkt aan Sara.
Wat eet zij nu?
Kauwt ze op een grasspriet?
Zuigt ze het zoet uit een bloem?
Drinkt ze dauw uit een blad?
Hij duwt zijn glas weg.
Het smaakt hem niet meer.

'Nu moet ik echt naar huis,' zegt pake.
'Eerst maar eens een uur op bed.
Gaan jullie mee?'
Kaai wil erg graag.
Om te zien of het huis er nog staat.
Om te zien of alles er nog is.
De haard en het kleed en de bank in de tuin ...
Het net en de schelpen en het schip in de fles ...

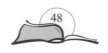

Maar dat kan nu nog niet.
Hij moet eerst naar Sara op zoek.

'Ben je niet moe?' vraagt pake.
'O ja, dat wel,' zegt Kaai.
'Maar Sara gaat voor.'
'Je bent een kei van een knul,' zegt pake trots.
'Dat vind ik ook,' zegt Sara's moeder.
Ze kijkt Kaai lief aan.
'Ik ga wel met je pake mee.
Ik praat graag met hem.'
'En ik met jou,' zegt pake.
Hij klopt op haar hand.
Dan stappen ze op.

Kaai zoekt de hele dag naar Sara.
Hij sjouwt het hele eiland af.
Hij krijgt hulp van Dirk en van nog een vriend.
Dirks pa zoekt ook mee.
Eerst wordt het heel warm.
En daarna koelt het af.
En nog steeds gaan ze door ...
Kaais maag knort ook weer.

'Ik ga naar huis, hoor,' zegt Dirk.
'Ik kan wel een heel brood op.
Ik zie je wel weer.
Je blijft toch nog op Schier?'
'Ik weet niet of het mag,' zegt Kaai.
Want pake heeft nog geen ja gezegd.
'Nou, dag hoor,' zegt Dirk.
Kaai draait zich om.

Dan gebeurt het.
Opeens staat Sara voor zijn neus.
Ze is zo vuil als wat.
Over haar wang loopt een streep.
Ze heeft vast gehuild.
Maar nu is ze blij.
Ze knijpt in Kaais hand.
'Waar was je nou?' vraagt Kaai.
Maar hij is ook blij.
Nu gaan ze naar pakes huis!

Sara wil niet meteen mee.
Maar Kaai stelt haar gerust.

Haar moeder slaat nu vast niet meer.
De schrik zit er bij haar goed in.

'Sara!'
Dat is Dirks pa.
Maar dat weet die arme Sara niet.
Zij ziet alleen een agent.
Ze sprint ervandoor!
Kaai zwaait naar Dirks pa.
Hij roept: 'Ze is er weer, hoor!'
Dan rent hij achter Sara aan.
Gauw naar pake nu!

's Avonds ligt Kaai in een bed op de grond.
Sara slaapt al, in zijn bed.
Kaai kijkt de zolder rond.
Alles is er nog.
Het visnet en de rol touw.
Schelpen in een pot.
De knoest in de plank, de haak in de balk.
En het schip in de fles.
Ja, alles is er nog.
Kaais buik is vol.

Zijn haar ruikt naar rook.
Zijn voeten zijn vuil.
En hij is zo moe als een hond.
Alles precies zoals het hoort.
Beneden tikt de klok.
Pake hoest in zijn slaap.
Het licht van de toren strijkt over zijn bed.
Ja, alles is precies goed ...

8. Alles wordt anders

'Hoor eens, Kaai,' zegt pake.
Ze zitten op de bank onder het raam.
Allebei met een glas in de hand.
Aan het eind van de tuin zit Sara.
Hand in hand met haar moeder.
Het is weer goed tussen die twee.

'Jij blijft heel graag op Schier,' zegt pake.
'Maar dat kan echt niet.
Want ik ga zelf naar de wal.
Daar krijg ik mijn nieuwe heup.
Dan kom ik bij jullie thuis.
Jouw mam zorgt voor mij.
Tot ik zelf weer alles kan.'

Kaai staart hem aan.
Dat kan toch niet waar zijn!
Pake hoort bij Schier!
En Kaai hoort ook op Schier.
Maar zonder pake is het niks.
Hij slikt een traan weg.

54

'En wie komt er dan in dit huis?' vraagt hij.
Zijn keel voelt dik aan.
Vast een Duits kind, denkt hij.
Pake lacht zacht.
'Niks hoor!' zegt hij.
'Dit huis is en blijft van ons!
Geen klimrek in mijn tuin!'
Kaai knikt en knikt.
Pake heeft het heel goed gesnapt.

Sara legt haar hoofd tegen haar moeders arm.
Haar moeder strijkt over haar bol.
Kaai slikt nog eens.
Hoe zou het met mam zijn?
En met pap en met Sjoerd?

'Ik had een naald in mijn buik,' zegt hij.
'Net als van een kompas.
Die naald wees recht naar Schier.
Daar moest ik dus heen.'
Hij blijft een poosje stil.
Ook pake zegt niets.
Dan vraagt hij: 'En nu, Kaai?'

'Nu ... weet ik het niet meer,' zegt Kaai.
'De naald lijkt wel in de war.
Hij wijst naar de wal.'
'Omdat je mam en pap daar zijn,' knikt pake.
'Het is het kompas van je hart.
Dat wijst niet naar een plek.
Het wijst aan van wie je houdt.'
'Het wees naar jou,' zegt Kaai.
Pake knikt.
'Daar ben ik heel blij om,' zegt hij.
'Maar goed dat ik met je meega naar de wal.
Of vind je van niet?'

'Jaaa ...' zegt Kaai langzaam.
Maar hij houdt óók van Schier!
Pake grinnikt.
'Je hebt toch ook wel eens vrij?
Dan komen we hier, jij en ik.
Is dat goed?'

Sara kijkt om.
'Ik mag toch wel mee?' vraagt ze.
Pake lacht, en Kaai ook.

56

Sara's moeder lacht mee.
Ze ziet er zó lief uit vandaag.
Niet als iemand die slaat.
'Dat is een goed idee,' zegt pake.
'Jij en je mam, plus Kaai en ik.
Mijn zoon en zijn vrouw, en Sjoerd.
Allemaal op Schier!
We zetten een tent in de tuin.
Niet nu, maar volgend jaar.
Schier wacht wel op ons!'

Kaai zucht.
Alles wordt anders.
Alles wordt precies goed.

Kaai, Dirk en zijn vader zoeken Sara. Kaai heeft honger. En hij is moe. Maar hij wil niet naar het huis van pake. Eerst moet hij Sara vinden.

Dan staat Sara opeens voor zijn neus. Ze gaat mee naar pake. Met Sara en haar mam komt het weer goed. Pake zegt dat hij meegaat naar wal. Hij krijgt een nieuwe heup. Kaais moeder zorgt dan voor hem. Kaai mist zijn pap, mam en Sjoerd. Nu gaan ze samen naar huis!

Colofon

Avontuur

Toegekend door Cito i.s.m. KPC Groep

1e druk 2008

ISBN 978.90.487.0043.1
NUR 282

© 2008 Tekst: Lydia Rood
Illustraties: Mariëlla van de Beek
Redactie: Drie redactie & communicatie
Vormgeving: Kameleon Design
Uitgeverij Zwijsen B.V., Tilburg

Voor België:
Uitgeverij Zwijsen.be, Antwerpen
D/2008/1919/348

De auteur en illustrator

Lydia Rood schrijft haar hele leven al. Haar eerste boek kwam uit in 1982, toen ze 24 was. Ze schrijft het liefst voor kinderen, maar soms ook voor grote mensen. Over haar dochter Roosmarijn heeft ze ook verhalen gemaakt, maar die is nu groot. Lydia houdt van reizen en avonturen. Een hut of een vlot heeft ze zelf ook vaak gebouwd. Ze woont met haar man deels in Nederland, deels in Marokko.

Ik ben Mariëlla van de Beek. Toen ik klein was, had ik drie wensen. Ik wilde in een kasteel wonen. Ik wilde een oude brief in een aangespoelde fles op het strand vinden en ik wilde onder water kunnen ademen. Nou, dat was niet zo moeilijk. Ik deed gewoon een deurtje in mijn hoofd open waar allemaal tekeningen lagen te wachten om gemaakt te worden. Tekeningen van freules en baronessen die in kastelen onder water woonden en postbodes met zwemvliezen aan die flessenpost bezorgden. Dat kamertje in mijn hoofd met al die tekeningen is nog lang niet leeg. Gelukkig maar, want nu maak ik heel veel tekeningen bij de verhalen van andere mensen. Ik lees zelf ook nog graag kinderboeken. Mijn grote favoriet is 'Het malle ding van bobbistiek' van Leonie Kooiker. En ik kan uren kijken naar de tekeningen van Thé Tjong-Khing en Marit Tornqvist. Ik heb ook een website: www.mariellavandebeek.nl.

In deze serie zijn verschenen:

De kaper van de nes

Kaai wil terug naar Schier, zijn eiland.
Hij mist zijn opa, de duinen en het strand.
Kaai wil kaper worden.
Daarvoor moet hij de zee op.

Een huis ver van huis

Sara wil niet meer thuis zijn.
Ze bouwt een hut bij de vaart.
Ze steelt om te eten.
Maar dan is haar hut weg.
Waarom?

Het gat in de nacht (vervolg op *De kaper van de nes*)

Kaai en Sara gaan op hun vlot naar Schier.
Ze krijgen ruzie.
Sara stapt boos van het vlot.
Kaai vaart alleen door.
Maar dan komen er kapers ...

Een nacht op het wad (vervolg op *Een huis ver van huis*)

Sara en Kaai gingen samen naar Schier.
Ze voeren met een vlot op zee.
Toen kregen ze ruzie.
Sara stapte van het vlot.
En nu zit ze in de nacht alleen op het wad ...

Het kompas van het hart (vervolg op *Het gat in de nacht*)

Kaai en Sara varen naar Schier op hun vlot.
Een boot vaart tegen het vlot.
Kappie helpt Kaai en Sara op de boot.
Maar dan raakt Kaai Sara kwijt ...
En wat doet Sara's mam aan boord?

Een dag in de duinen (vervolg op *Een nacht op het wad*)

Sara is op de vlucht.
Ze wil niet meer thuis zijn.
Samen met Kaai gaat ze naar Schier.
Maar haar moeder is ook op de boot.
Kan Sara nog vluchten?